LOS VERSOS DE CORDELIA

103

46 PREMIO LITERARIO KUTXA FUNDAZIOA
DE POESÍA EN CASTELLANO

Un jurado compuesto por Antonio Colinas, Manuel Rico y Raquel Lanseros, con Josean Ruiz de Azua como secretario sin voz ni voto, tras las oportunas delibeaciones otorgó a *Un mar que nadie mira*, de Marina Casado, el 46 Premio Literario Kutxa Fundazioa Irun, convocado por Kutxa Fundazioa, en la modalidad de Poesía en Castellano.

Un Mar que
Nadie Mira

Primera edición en LOS VERSOS DE CORDELIA, octubre de 2025

Edita: Reino de Cordelia
www.reinodecordelia.es
❌ 🄾 @reinodecordelia 🅕 facebook.com/reinodecordelia
▶ www.youtube.com/c/ReinodeCordelia01

Derechos exclusivos de esta edición en lengua española
© Reino de Cordelia, S.L.
C/Agustín de Betancourt, 25 - 6º pta. 13
28003 Madrid

 El papel utilizado para la impresión de este libro, fabricado a partir de madera procedente de bosques y plantaciones sostenibles, es cien por cien libre de cloro y está calificado como papel reciclable

© Marina Casado Hernández, 2025

Cubierta: Detalle de *Noche de verano en la orilla*, de Edvard Munch

**KUTXA
FUNDA
ZIOA** Este Premio de Poesía ha sido convocado
y organizado por la Kutxa Fundazioa

IBIC: DCF | Thema: DCF
ISBN: 979-13-87599-29-4
Depósito legal: M-22555-2025

Diseño y maquetación: Jesús Egido
Corrección de pruebas: Pepa Rebollo

Imprime: Técnica Digital Press
Impreso en la Unión Europea
Printed in E. U.
Encuadernación: Felipe Méndez

Un Mar que Nadie Mira

Marina Casado

Índice

A Fran, faro en la tormenta

¿Que en los mares y campos andaluces no hay nadie?
RAFAEL ALBERTI

Sigue aún el·mar, pero no la mirada, ni las velas.
FRANCISCO BRINES

Cuando cierro los ojos se me cubren de escamas.
MARÍA VICTORIA ATENCIA

I. El mar

«Pero nadie querrá mirar tus ojos
porque te has muerto para siempre».

FEDERICO GARCÍA LORCA

Melancolía (1894-96), de Edvard Munch.

Las adelfas

MI HISTORIA es diminuta como un mundo.
En un instante descubrí
la hermosura y la muerte
dormidas sobre aquellas flores blancas.
Dijeron los mayores:

Jamás toques las hojas de la adelfa.

Y quise rebelarme
contra su maleficio,
envenenar mi boca
de belleza y de noche.

Pero me habían desterrado del jardín.

Ahora escribo pétalos
sobre las ruinas,
pienso en el mar, lejano;
envejezco frente a los muros
de mi destierro.

Mientras, aún los ojos
contemplan las adelfas.

Pulcritud

EL MUNDO era muy frágil.
Alguien hablaba de la guerra
con las manos tan limpias
como un escalofrío.

Nana

DUERME.
La noche está poblada de fantasmas
que puedes abrazar dentro del sueño,
en ese mundo intacto en el que todo
parece de cristal y tienes que moverte
un poco más despacio, como en las ilusiones,
arrastrando el temor de romper el hechizo.
Duerme:
los monstruos verdaderos
habitan la vigilia
y se enredan con hambre
entre las sogas sigilosas del insomnio.

Juicio de Osiris

MI CORAZÓN no pesa menos que una pluma.
Cae dorada la tarde sobre el Nilo
y temo al monstruo que lo devorará
en su segunda muerte.

Huesos

UNA NOCHE, la máscara caerá.
Descubriré ese viaje último,
el adiós de los pájaros blancos,
la hermosura que sobrevive
en una hoja seca.
Los inútiles huesos del otoño.

Los fantasmas

TIENEN LAS LLAVES de un mundo inexistente
y los ojos inmensos.

Entré en su juego blanco
y crecieron los míos.

      Nunca pude olvidar.

De ahí mana mi sed.

Fronteras

LA MUERTE siembra sus fronteras
en el camino de la vida.

Lo aprendemos muy pronto:
no hay regreso posible,
solo ciudades mudas
en la memoria.

Un mar que nadie mira

La noche ha despertado.

Imágenes sin nombre,
dentro de la memoria,
mimetizan la luz
de todo cuanto amaba;
a hurtadillas, defienden
la persistencia inútil del recuerdo.

Veo tu cuerpo al fondo
de algún verano,
quieto sobre ese mar
que ya no mira nadie.

Crimen y castigo

Digo *lluvia, fin, siempre.*
Pronuncio palabras como puñales.

> (Tú te limitas a desangrarte igual
> que otro crepúsculo conmovido).

Me quiebro.

Sé que la noche
recogerá después estas esquirlas.

Sonámbula

MI CUERPO es el altar de un viejo deseo.
Estoy enferma de voces que susurran
hasta traer de vuelta a los ausentes.
Cantan desde la sangre,
con ecos subterráneos;
construyen los cimientos
del poema que nunca les escribiré.

Dormida,
puedo amar a una sombra,
dialogar con la ausencia
desde el fondo del alma,
morder los labios de la muerte.

Pero soy incapaz de describir
este deseo que me alumbra.

Ardo.
La música se ha vuelto himno
                              y no despertaré.

Todas las cosas

Es BELLA la palabra *melancolía*:
como una lágrima que brota del lenguaje,
un otoño rendido antes de desprenderse
de mis recuerdos, el crepitar de la tormenta
detrás de una ventana.

Pienso en ti como en todas las cosas
que perdí con la lluvia.

Casa junto al mar

Sé que algún día volverás y, mientras tanto,
desarrollo la humana vocación
de la paciencia;
regreso a aquella casa junto al mar,
a ese blanco paréntesis
donde estuvo tu cuerpo.
Te distingo en el viento de levante
que despeina los pinos
y en las olas que abdican
frente al acantilado.

Ellos gritan que un día volverás
de ese reino sin tiempo que te retiene.
Que mi espera, por hoy, está justificada.

Vacas

Deseo ser una vez más tu hija,
vivir en una nave de cristal
en las inmediaciones de Saturno
—tú y yo paseando sin temores
por los anillos desde los que diviso
las pecas encendidas del universo—.
No querías creerme cuando te revelé
que los caminos de la Vía Láctea
están hechos de helado y de natillas,
que las vacas pasean a sus anchas
y hay un planeta de océanos rosados
donde vive la gente que un día se marchó.

Quisiera visitar ese planeta,
traerte de regreso y enseñarte

cómo ha cambiado el mundo.
Y hacernos invisibles como vacas
caminando sobre senderos de yogur,
que la muerte esta vez
jamás te encuentre.

La muerte

MI PADRE me decía:
Quisiera ser un pájaro.
El cielo lo escuchaba, resentido.

Cuando empezó a sonar aquel silencio,
comprendí que su alma, lentamente,
se cubría de plumas.

No ha cesado la lluvia desde entonces.

En esta sombra

EN ESTA SOMBRA que tu ausencia dibuja
hace frío y te busco. Quiero decir:
El invierno tiene la culpa de mi tristeza.
O tal vez: *Todo es azul y escribo contra el miedo.*

La muerte se resume en pronunciar tu nombre
muchas veces
       y no entender mi voz.

Boceto para un apocalipsis

«Que pueda yo seguir a mi corazón
en su hora de fuego y noche».

(*Libro Egipcio de los Muertos*)

SI EL MUNDO terminase antes de tiempo,
si tan solo unas noches
nos separaran del abismo,
algunos viajarían a países remotos
para ver las auroras boreales
o contemplar el cielo desangrándose
en un atardecer del Serengueti;
otros escribirían cartas
a marchitos amores;
habría incluso quien rezase
a los dioses que ya nos olvidaron.

Yo solo volvería a aquel viejo jardín
para esperar despierta
junto al ángel gastado de las cosas que fueron.

II. Escondites

«Quedar sola, gritando como un árbol».

IDA VITALE

La dama del mar (1896), de Edvard Munch.

Ermita de San Polo

«Y su silencio, retumbando,
ahoga mi voz en el vacío inerte».

BLAS DE OTERO

ALLÍ, junto al camino,
heridas por el sol y por la lluvia,
las piedras guardan todavía
un rumor de oraciones,
la fragancia insistente del incienso
y aquel pálpito de la luz sobre el altar.

Cae la noche y un coro de ladridos
invoca a los ausentes,
vierte la luna su claridad enferma
sobre los muros desgarrados
y se enfrían las horas,
moribundas y estériles.

Pero solo responde
ese viento que grita
como un bello fantasma,
lejos, entre las cumbres.

Bajo el pórtico devorado por el tiempo,
la maleza levanta su propio paraíso
y nadie espera a Dios.

Jardines

«Pero terminó mi niñez, y caí en el mundo».

Ocnos
LUIS CERNUDA

FUE UN VERANO muy largo.
Palpitaba la luz entre las flores
con sedosa insistencia;
la vida, aún intacta,
era algo que apenas conocía:
un tiempo sin cadenas, una nube
atravesando aquel azul inalterable.

Recuerdo una pequeña grieta sobre el muro,
huella inequívoca de la fragilidad
de las horas que prometían ser eternas.

Parpadeé para entender la sombra.
Y cuando abrí los ojos,
no pude regresar.

Hay jardines que solo suceden una vez.

El río

ANTES DE QUE la luz nos abandone,
miro pasar los días como peces azules
sobre la gravedad de un río inhóspito
que trae el aroma denso de la muerte.
Desde esta orilla veo sus esquirlas,
el lento resplandor de su veneno,
pero es fácil cerrar los ojos y la sangre.

Lejos, en esa orilla, el miedo ha construido
formas ambiguas de intimidad,
ciegos amaneceres, despojos de la rabia.
El río los acoge besándoles la boca,
estrecha su agonía, alimenta el cansancio,
prosigue indiferente su camino.

En el mar de la historia desemboca el recuerdo,
las heridas, la sombra. Hay ciudades ocultas
habitadas por rostros que acompasan
su pálpito olvidado a aquello que no crece,
a lo que no respira, a la verdad que arrecia
en esa otra orilla y desde aquí
no distinguimos.

Es la guerra, nos dicen.

Y parece ya todo tan bien justificado,
lejos y a la deriva, irreparable,
como peces azules avanzando hacia el mar
en una tierra abandonada por la luz.

Un grito después
degollará el crepúsculo

PORQUE CUALQUIER infierno, antes de levantarse,
fue solo un precipicio
                    y una caída diminuta.

Jim Morrison contempla
El jardín de las delicias

«El Señor no envía a nadie al infierno, es
el mismo espíritu el que se arroja a él».

Del cielo y el infierno
EMANUEL SWEDENBORG
[Libro que leía Morrison poco antes de morir]

SOLO UNOS MESES antes de su muerte,
el Rey Lagarto visitó el Museo del Prado.
Fue después de otra noche de embriaguez;
los fantasmas dormían aún por los pasillos
y las raíces del presagio hacían crecer bosques
y tempestades dentro de su mirada,
la misma que soñó durante suaves horas
frente al famoso tríptico de El Bosco.

Reconoció los párpados caídos de la inocencia,
arrodillada en un edén donde las criaturas
pacían por la tierra y por el aire

y un drago milenario daba cuerda a la vida.
Comprendió que no existe un regreso posible,
que la serpiente es otra estación más
en el corto viaje de ese autobús azul
que llegaba a la playa de Venice.
Y lo atraía igual que los cadáveres
de indios desangrándose en un amanecer
y que esos otros cuerpos manchados de lujuria,
invasores de los jardines del Paraíso,
las montañas celestes y la fuente sagrada,
los lomos erizados de los animales,
la energía que sangra de sus bocas
mientras los ojos negros del Diablo
se asoman desde la penumbra y los acechan
con las alas plegadas, semihundidas.

El Rey Lagarto se buscó ansiosamente
en los abismos musicales del Infierno;
tal vez estaba allí, colgando de las cuerdas
de una guitarra eléctrica, acorralado
en la locura de los escenarios, en la jaula

que perfuman las voces y las sombras
cuando alguien decide cruzar a la otra orilla.
Después habló de Swedenborg,
confesó que no hallaba el dolor
en esas criaturas condenadas
—¿por quién, con qué propósito?—.

La primavera madrileña entretejía azules,
las aves mendigaban migajas de recuerdos
sobre las mesas. Fue su último abril
antes de desterrarse para siempre
a los jardines infernales de El Bosco.

Edfu

«Aunque hayamos destruido sus estatuas,
aunque los hayamos sacado de sus templos,
los dioses no han muerto por ello, en absoluto».

CONSTANTINO CAVAFIS

SE HAN QUEDADO dormidos los relojes
en un siglo lejano que vuelve la mirada
y nos descubre.
Los mendigos ensayan a menudo
tristes muecas con forma de sonrisa.

En los muros del templo, indiferentes,
los dioses y los reyes continúan librando
desteñidas batallas hacia la eternidad.

Thot

LAS ORILLAS del Nilo
se duermen con la luz
dorada del crepúsculo.
Un ibis sobrevuela
los plataneros despeinados
y las aguas que mecen
reflejos de una época
que apenas intuimos,
cuando los dioses desafiaban a la luna,
cuando el cielo y la tierra
engendraban amores y desiertos.

Bajo el disco solar desciende el ibis.
Va dictando en el trazo de sus alas
el jeroglífico cansado de la tarde.

III. Los que duermen

«No puedes vivir. No hay sitio.
Mis sueños te quemarían».

MANUEL ALTOLAGUIRRE

Mujer junto al mar en Åsgårdstrand (1898), de Edvard Munch.

Acantilado

ME ALIMENTO de música
para olvidar el precipicio.

Es inútil mi afán:
ya nada será mío
salvo este incendio.

Quieren huir los que duermen

Para que el tiempo no me devorase,
inventé aquellas máscaras,
dormí en las selvas
donde la luz se reinventa cada noche.

De mis ojos nacieron dos sueños:
        la nostalgia, para ignorar la muerte;
        el lenguaje, para entender
                este mundo sin forma.

También aparecieron los fantasmas,
perdidos en su juego delirante.
De mi fascinación por ese juego,
el tercer sueño brotó como un relámpago:

la sed.

Origen

«¿No crees que se le llenarían los ojos de tinieblas
como a quien deja súbitamente la luz del sol?».

La República, Libro VII
PLATÓN

DESEO CONOCER esa ciudad que late
en la memoria más antigua.
Sentir el pulso de los cuerpos
    que hirieron la pared
con dibujos gastados
o canciones que vuelven
si somos prisioneros del insomnio.
Nunca se hacen reales.
    Flotan,
        trepan por la garganta,
        se extinguen antes de descubrir la luz.

La memoria más vieja
debe de estar enferma de esas músicas.

Es la ciudad de la que todos partimos.

Strange fruit

EL FINAL de la lluvia trajo calles vacías
y un temblor contenido igual que un tigre
vigilando a su presa.

Fue un sábado de mayo,
sonaba Billie Holiday en el salón.
Quise creer que aquel invierno
no duraría para siempre.

Pero entonces sentí la luz inmóvil,
el olor a café prisionero en mi boca,
las sombras que invadían las ventanas
igual que extraños frutos

meciéndose al final de la masacre;
y se abrió la verdad como una tumba:

no había terminado la tormenta.

Andamios

A VECES PIENSO en la agonía de los pájaros
cuando los edificios, monstruos impenetrables,
alzan sus brazos hacia el cielo, fortifican su sombra,
acorralan a los viajeros de las nubes
e inventan cada noche
una nueva ciudad desconocida.

Tras los asedios verticales del acero
duermen historias frágiles:
aquella golondrina muerta
o esa flor enquistada en el asfalto.

Algo bulle también dentro de mí.

La esperanza se viste de hormigón
en la ciudad que crece con la música fría
de las taladradoras.

Yo busco alguna luz imperturbable
y persigo el silencio que atraviesa,
igual que un fugitivo,
las calles de la madrugada.

Mistral

SOPLA el tiempo esta noche.
Desordena las copas de los árboles,
hace temblar la casa;
arrastra el frío como una hoja seca
por el cauce abrasado de mi sangre.
He de cerrarlo todo
para evitar que entren los recuerdos.

¿Cuántos años nos esperamos
mientras se deshacían las montañas?
¿Cuántas pavesas caben en tu boca?
Es demasiado tarde
para arrancar las flores
en el jardín de la inocencia,

traducir en palabras esta luz,
agrietar el silencio con un beso.

Hace siglos que estoy muerta y te amo.

Luz no usada

NUNCA FUE nuestra aquella luz.
La invocamos con miedo, con sigilo, con hambre,
volcamos terremotos en su aura,
quisimos sorprenderla en los espejos;
pero llegó el atardecer con todas sus espinas,
la noche que llevamos
enquistada en los ojos.

La culpa

TEMO tanto al idioma
que apenas te pronuncio.
Cómo vas a salvarme,
si me arrojé al abismo
cuando todas las manos me vestían
de plumas blancas.

Ahora te contemplo
con mis ojos de ángel malherido,
desde esta alma sucia que peino en el espejo.
Escribo *amor*, *amor*, *amor*, en el cristal.
Me horroriza el lenguaje.

Ardes en mi conciencia.

Quién puede condenarnos
              sin culpar a la luz.

Tampoco el amor podría salvarnos

«La transparencia, Dios, la transparencia».

JUAN RAMÓN JIMÉNEZ

ME HE REFUGIADO en la inocencia
por no contar las sombras,
una a una,
de los ausentes.

Palpo tu mano,
                soplo
el camino de la sangre,
siento el pulso
bullendo
como una criatura mitológica.

Algún día me miraré en tus ojos
igual que en dos espejos mudos

y el invierno dibujará ramos helados
en las regiones más oscuras de tu cuerpo.

Somos extrañamente transparentes
en el momento de la despedida.

Talla grande

QUE HARÉ con toda la sangre,
con este amor que rebosa y se escapa
por los bolsillos de mi blusa y por mis ojos.

Y tú, ahí parado,
con los labios de luto y ese adiós
que intentaste escupirme,
pero permaneció en tu boca
como un pájaro herido,
una conciencia sucia;
como el olor de las estrellas
en el último día
                del universo.

Mi amor, para tu alma,
es como un sol crepuscular
o la talla muy grande
de un jersey
que arrinconas, hastiado,
al fondo del baúl
de la ropa de invierno.

This Side of Paradise

«Siempre se trataba de lo que llegaría a ser,
nunca de lo que era».

A este lado del paraíso
FRANCIS SCOTT FITZGERALD

I

QUERÍA PERSEGUIR lo inaccesible,
llamarte y que jamás me respondieras,
bailar entre muchachas,
        y sus faldas abiertas como flores
en el salón de baile;
mientras, yo detenida.
(¿Cuándo me he detenido?)

II

TODAS las niñas se enamoran
de Amory Blaine;

yo escapo igual que un gato por el balcón.
Quizá me atrae esa idea tan natural
de enamorarme
        y por eso te aguardo.
Si tardas en volver,
me cortaré el cabello
como en los años veinte.

III

SOLO QUERÍA enamorarme para poder huir,
y Amory Blaine me espera ahora
en el salón de baile,
        sus ojos tan abiertos como flores;
mientras, yo detenida.
(¿Cuándo me he
        detenido?).

Todas las niñas escapan como gatos
por el balcón.

Donde la lluvia

I

RETROCEDE LA TARDE y no has venido.
Hace ya mucho tiempo de aquel viaje en tren,
de tus equilibrismos al borde de mi lengua.

Yo te he esperado sola,
desatada y oscura,
igual que un huracán.

II

Se me incendia la tarde entre los dientes.

Cómo volcar mi soledad sobre tu cuerpo
si diciembre está herido y sus caballos
agonizan de espaldas a la melancolía,
        allí donde la lluvia
        se pinta de cristal el corazón.

Prefiero la herida

SIEMPRE me he enamorado
del antagonista.

En el héroe ya todo
parece descubierto;
es una tierra suave
atravesada de banderas.

Yo prefiero, sin duda,
la herida impenetrable y fiel
de su adversario.

Constancia del derribo

«Ángeles surgidos de la sombra.
Ángeles del fondo de las piedras».

JUAN EDUARDO CIRLOT

SIEMPRE HE QUERIDO amar sobre unas ruinas,
desenvolver las flores de mi pecho
y entregárselas a la lluvia.

Hay palacios que deben derrumbarse.
En el dolor respira la belleza más clara.

El juego

«Todos los juegos contienen la idea de la muerte».

JIM MORRISON

RESULTA muy sencillo:
    cambiar el grito por el poema,
    la soledad por el amor,

    el amor por la sed.

Ceniza

ACUÉRDATE de cuando fuimos fuego:
un incendio que hería el rostro de la noche;
solo el blanco fulgor, los ojos de la lumbre.
Guardabas mariposas en las manos
y una ilusión crujiente que no habría cabido
en los labios del mar.

Se volaron de pronto
cuando abriste las palmas;
nos fuimos apagando hasta morir
con el pecho cubierto de ceniza.

Lepidóptera

TEMO QUE UN DÍA descubras mi inocencia
y le claves dos alfileres en las alas,
la abandones, herida, en la pared
—junto a todas las sombras
que en otro tiempo amaste—,
y afiles tu belleza, tus fauces de león.

He querido escapar y abrir los ojos,
pero mi amor se posa junto a tu silencio,
como una mariposa,
                    esperando el otoño.

Rascacielos

Estábamos al fondo,
malheridos de luz.
Trepamos por las horas y los árboles,
    las tenues avenidas del invierno,
    las cárceles que se construyen
    con el exilio de las golondrinas
    y la muerte sin párpados
    que espera entre las ramas.

Lo abandonamos todo,
ascendimos muy lejos
y no podíamos llamarlo
             amor.

Dentro

EL FINAL DE UN AMOR se parece a la muerte.
No hay entierro ni tumba, pero sí el mismo fuego,
el idéntico y triste hundimiento del mundo.

Todos guardamos un osario
en el campo incendiado del corazón.

IV. Certeza

«Que hay otro ser por el que miro el mundo,
porque me está queriendo con sus ojos».

PEDRO SALINAS

Bote de remos en el mar (1904),
de Edvard Munch.

Certeza

SOSPECHO que esta luz
que ahora nos envuelve
nació cuando la noche
inventaba un idioma impronunciable,
a las puertas de un mundo
desconocido.

Me tendiste la mano,
cruzamos el umbral.
Fugitivo, un fantasma
abandonaba las esquinas
y los ojos vacíos
de nuestra incertidumbre.

Te llamé y el amor
amaneció en tu nombre.

The Crystal Ship

SOLO UN BESO, ¿recuerdas?
Juramos que terminaría
con la llegada de la noche
—nunca preví el incendio—.
Johnny Cash nos miraba desde el muro.
Y volveremos a encontrarnos
volando en algún barco de cristal.

Pero hoy te he buscado
tras el atardecer;
quiero saber los nombres, uno a uno,
de todos tus silencios;
arrancar las espinas de la luz
que atraviesa tus ojos.

Mirarte para siempre,
fuego y temblor,
derramada en un beso
—*solo un beso,* recuerda—,
y que la noche jamás nos amenace.

Ni siquiera entonces

ATRAVESÉ CIUDADES, años, sombras, deseos.
Soñé con trenes que me conducirían
al centro de la Tierra o de tu boca
—ambos los imagino calientes y distantes,
igual que una canción de nuestra infancia—.

Sentada en un poyete, cerca de tu balcón,
enumeraba estrellas y veranos
hasta que aparecía tu figura
arrugando la esquina más pequeña del tiempo.

Siempre me despertaba de repente,
antes de que pudieras preguntarme
qué diablos hacía tan lejos de mi hogar.

Génesis doméstico

¿CUÁNTOS DÍAS o dioses serían necesarios
para llenar este salón vacío?
Ya se ha hecho la luz:
hay dos interruptores
al lado de la puerta
y una esperanza muda
dentro del corazón.
Ningún comienzo es fácil,
repites mientras trato de ordenar
los monstruos invisibles que recorren
las losas del parquet recién acuchillado:
tienen nombres terribles como *hipoteca,*
gastos comunitarios, convivencia, miedo fatal
a lo desconocido…

Nosotros solo poseemos el amor
y una paciencia demasiado frágil
para multiplicar los pájaros

y conseguir que un día
este piso tan blanco, tan ajeno,
pueda llamarse *hogar*.

Tempus fugit

Helena se derrumba ante el espejo.
En su cabello rubio ya han brotado
las primeras serpientes de plata.
Los treinta ahora son los nuevos veinte,
trata de recordarse.

Pero encuentra sus manos huérfanas
de un cuerpo fiel que acariciar,
los labios apretados por la ausencia de besos,
tristes los ojos que una vez
reflejaron la luz de Troya en llamas.

Para qué tanta guerra, tanta sangre,
aquel *te adoraré hasta el fin de los días,*

si después de un caballo de madera
y de un príncipe herido de capricho,
solo queda la eternidad del calendario
y el abrazo leal de una crema antiarrugas.

Videollamada a Ítaca

LA NUESTRA es una historia conocida:
dos amantes atravesados por la guerra,
dos aves imposibles que devoran
el color amarillo
de la distancia.

Reconstruyo en tu voz
—cuando la cobertura lo permite—,
fragmentos diminutos de paisajes
donde soñamos en voz alta con los ojos cerrados:
playas de arena blanca, recortes de crepúsculos
robados al recuerdo.

Pero la soledad perfila gigantes y sirenas
—¡conexión inestable, reinicie!—

que me invitan a abandonar
este inmóvil viaje que no acaba,
a renunciar al mar con sus mil sangres rotas,
a olvidar las orillas de tu nombre.

Escucho intermitente el sonido salado de tu risa:
empuja igual que viento el exhausto velamen.
Te esperaría veinte años si fuera necesario.
Y con los ojos tejes y destejes
cada noche los hilos
de mi esperanza.

No está de moda el gotelé

ALISARÉ, entonces, las paredes,
y borraré las criaturas que nacían
entre sus torbellinos de pintura:
gatos, dragones, lágrimas,
princesas engarzadas en la niebla
y fantasmas que agitan sus cabellos.

Entre esa multitud, tú y yo,
tomados de la mano, pequeñas siluetas
perdidas en el vértigo
que brota de las caprichosas manchas.

Y como a ellas, nos borrarán también.

En marzo ya es tarde

Y, SIN EMBARGO, los almendros florecen
ajenos a la angustia.
Cada año es igual: abrir los ojos
y comprender que otra vez sus frentes,
sus rubores rosados y albinos,
ya se deshojan pintando alfombras
sobre la hierba.

Así también se marchará la juventud.

Volverán las oscuras golondrinas

A FINALES de junio,
terminan las tertulias madrileñas,
los recitales y las presentaciones
de libros que *no van a dejarte indiferente,*
que puedes adquirir a un precio módico
y con la prestigiosa firma de su autor.

Las costas españolas
acogen oleadas de escritores
que asimilan con un placer culpable
el dulce anonimato del turista de a pie:
dar paseos interminables por la playa
sin detenerse a conversar con el crepúsculo,
visitar chiringuitos en los que degustar paella
y regarla con tinto de verano
en vez de con la luz que brota de la luna.

Hay en su doble vida un riesgo silencioso
—Cernuda lo advirtió:
    el mar es un amante—,
aquel de abandonar definitivamente
la adicción franca y ominosa
a la poesía.

Pero vendrá septiembre
y con él las tertulias literarias,
la brillante bohemia de nuestra capital.
Abrazaremos a aquellos que nos arrebató el estío,
—con excesiva admiración
que se disipará en el mismo instante
en que doblen la esquina—,
nos pondremos las máscaras de antílope
y nuestras copas se alzarán
al unísono:
Amigos, les prometo
que este libro no va a dejarles

indiferentes.

Visita

Era un lunes de octubre y encontré
restos de arena
en la bolsa de las toallas.

Fue como si el océano,
durante unos instantes,
a través del asfalto,
me viniera a buscar.

Cabo de San Vicente
(*Promontorium Sacrum*)

DICES QUE NUNCA habías visto tanto mar
rodeándote,
mientras el viento trata de rompernos
contra las rocas.
Llegamos demasiado pronto
para el atardecer.
En tus ojos, amor, una tormenta eléctrica
al posar frente al faro
como un Indiana Jones amanecido;
un soplo que desgarra
las espinas del tiempo:

Saturno que no puede devorarnos,
que siempre llega tarde
para escuchar nuestro crepúsculo.

Cese de hostilidades

EL SUEÑO es solo un trámite
para alcanzar tu boca,
la tregua concedida
por esa realidad que nos separa.

Traza la luz innumerables muertes,
el final anunciado
de una historia intangible.

Te alejas sin remedio
en cada despertar.

Los amantes del Círculo Polar

Si ALGÚN DÍA nuestros caminos se separan,
quedarán en el aire estas briznas de luz
que volcaste en mis ojos y en tus versos.

Nos guiarán por los oscuros túneles del mundo.

Recorreremos calendarios, horas, siglos, planetas;
cada vez más lejanos e inconscientes,
hasta llegar al mismo punto de partida.

Dedicatorias

La PRIMERA sección, «El mar», está dedicada a la memoria de mi padre, José Ángel Casado Carvajales, que cada agosto se perdía entre las olas del Atlántico hasta confundirse con el horizonte. Su palabra y su luz me abrieron los ojos a la poesía. Nunca dejaré de mirarlo.

Los POEMAS «Las adelfas» y «Jardines» evocan el patio de la casa de mis abuelos maternos, Isabel y José, donde se desarrollaron algunos de los momentos más bonitos de mi infancia. Se los dedico a mi madre, Carmen Hernández Antúnez, y a mi hermano, Juan Casado Hernández.

«UN GRITO después degollará el crepúsculo» toma su título de un verso de Juan Larrea y es para mi amiga Isabel Montero Garrido, que tiene vocación de ave fénix.

«QUIEREN HUIR los que duermen» se titula así como homenaje a un verso del poema «Castigos» de Rafael Alberti.

□□ «ANDAMIOS» se lo dedico a mi «gemela de cumpleaños», Isa Garrido, que también se ha sentido, como yo, perdida en medio de la realidad.

□□ «VIDEOLLAMADA a Ítaca» es para Andrés París Muñoz, por aquellos tiempos pandémicos. Gracias por compartir tantas aventuras que inspiraron muchos de los poemas de este libro, por la esperanza que siempre ha depositado en mi literatura.

□□ A PACO Ramos Torrejón le dedico «Volverán las oscuras golondrinas», en homenaje a nuestras largas conversaciones conileñas sobre el mundillo literario.

□□ A FRANCISCO JOSÉ Martínez Morán le debo sus inestimables consejos en la composición de la obra y su atenta lectura de cada poema, así como el generoso texto de contraportada. Él sabe que habita plenamente este poemario. Gracias por querer mirar mi mar.

Esta primera edición en
Los versos de Cordelia de
Un mar que nadie mira
se acabó de imprimir
en el otoño de 2025

LOS VERSOS DE CORDELIA
ÚLTIMOS TÍTULOS PUBLICADOS